严艺家 著
南国虹 绘

化学工业出版社
·北京·

图书在版编目（CIP）数据

爸妈究竟咋想的/严艺家著；南国虹绘. —北京：化学工业出版社，2021.9（2025.6重印）
（1016成长信箱）
ISBN 978-7-122-39464-4

Ⅰ.①爸… Ⅱ.①严…②南… Ⅲ.①青春期-家庭教育 Ⅳ.①G782

中国版本图书馆CIP数据核字（2021）第130710号

责任编辑：赵玉欣　王　越　　　　　装帧设计：尹琳琳
责任校对：杜杏然

出版发行：化学工业出版社（北京市东城区青年湖南街13号　邮政编码100011）
印　　装：北京新华印刷有限公司
880mm×1230mm　1/32　印张 $1\frac{3}{4}$　字数37千字
2025年6月北京第1版第4次印刷

购书咨询：010-64518888　　　　　售后服务：010-64518899
网　　址：http://www.cip.com.cn
凡购买本书，如有缺损质量问题，本社销售中心负责调换。

定　价：29.80元　　　　　　　　　　　　　　版权所有　违者必究

推荐序

青春期是个孤独的旅程。这个时期一个人身体开始发生变化，你开始拥有你不曾拥有的力量、主见、想法。世界在你眼前变得更大，你和家庭、朋友、陌生人之间的关系开始发生变化；你可能第一次想要离开原有家庭和归属，尝试为自我建立新的城堡和疆土。但你尚不知未来将如何展开，大大的世界会有怎样的故事。

我回忆自己的青春期，有很多问题从未有过答案。我知晓家中成年人们企盼我能健康成长，但他们却对于我所面对的困惑一无所知。我常羞于向成年人提问，写属于自己的暗语，有时需要他们，又常常将他们推开。

在我自己的堡垒之中，我慢慢长大。我在过去的十几年中一直在做心理相关的工作。我意识到我在很多场合，反复地告诉家长、孩子和那些忧虑的成年人们：在我们都曾经历的长大之中，我们害怕的、否认的、避而不谈的问题，它们很多都是我们青少年发展过程中的必经之路。

很多"问题",它们是"正常"的。只有当我们不谈论它们、否认它们、害怕它们的时候,它们才要用更强烈的声音和"症状表达",来提醒我们去面对。

艺家是我多年的好朋友,也是非常出色的心理咨询师。她做了这件非常了不起的事情。她用简单的语言,一个一个问题去谈论。谈论我们每个人内在的孤独感、难以融入的集体、外在的评价、他人的眼光、和家庭的关系变化,以及正在形成的自我。

她举重若轻,用漫画来承载这些重要的问题。1016 创造了一个支持性的空间,当你提问,它们都被回答——即便有时回答并非易事。

祝你能从书中找到自己的答案。

简单心理 APP 创始人、CEO

前言

一年多前,快 10 岁的女儿突然开始对我的工作感兴趣,好奇地询问各种与情绪、心理相关的问题,很想搞明白形形色色的校园生活经历背后有没有什么心理学原理。后来我们逛书店时想找相关题材的书,却发现并没有特别合适的:书店里的心理学读物虽然不少,但绝大多数针对的是成人读者;谈及小学生、初中生心理与情绪的书籍,又大多是写给父母们看的。想到女儿平时喜欢看各种校园生活题材的漫画,一个点子就这么出现了:我要做一套专门给 10 到 16 岁孩子们看的心理学科普漫画,用他们觉得有趣的方式,帮助他们更多了解自己的心理世界在经历着什么。

《1016 成长信箱》就这么应运而生,含义很简单:这个信箱专收 10 到 16 岁孩子们的来信。之所以从 10 岁开始,是因为根据最前沿的发展心理学观点,人类青春期开始的年纪已经提前到 10 岁左右,而伴随着青春期剧烈的身心变化,许多对自我心灵世界的好奇也始于此。虽然青春期会延续到

25 岁左右才会结束，但相比青春期下半场而言，10 到 16 岁的孩子们更像是稚气未脱的小大人，他们在这个阶段所经历的内心困惑与冲突是鲜明而独特的。

《1016 成长信箱》的主人公阿奇是个温和内向的小女孩，乍看上去，她并没有什么引人注目的地方，和很多 10 到 16 岁的孩子们一样，她规律地上学放学，有时会抱怨作业太多考试太难，有自己的朋友与偶像，有一只猫，大部分时候过着平静的家庭生活，偶尔会和爸妈有些矛盾。无论小读者们是男生还是女生，或多或少都能在阿奇与周围同学的故事中看到自己的影子。因为 1016 成长信箱的存在，阿奇有了一个倾诉的树洞与可信赖的朋友，许多校园与家庭生活中的故事在一封封信件中得以呈现与解读。在十余年心理咨询工作的基础上，我将这些故事分为了五个大主题——社交、学习、身体与性别、家庭关系以及心理健康，并由此形成了五本漫画书，读者既可以选择全套阅读，也可以根据兴趣选择单本阅读。

1016成长信箱的那头到底是谁在回信呢？这个谜底也许会在未来某天揭晓，很欢迎小读者们和阿奇一样写信给1016成长信箱，1016君一定会很开心收到你们的来信的！

创作这套漫画的时候，经常会回忆起自己十三四岁时的某个场景——我坐在夕阳西下的教室里望向窗外的大草坪，那里有一支垒球队正在训练，不知怎的，那一刻心里油然而生一句感叹：活着真好呀，人类真有趣。

心理咨询师

"家里被你搞得像狗窝一样!"　　/ 001
爸妈是有洁癖吗?

"你怎么还不睡觉 / 起床?"　　/ 005
爸妈不睡懒觉吗?

"你这是身在福中不知福!"　　/ 009
爸妈不知道我压力有多大吗?

"这有什么好看的?"　　/ 013
爸妈不懂时尚与偶像吗?

"你成天就是抱着个手机!"　　/ 017
爸妈自己不玩手机的吗?

"吃得苦中苦,方为人上人!"　　/ 021
爸妈为啥爱讲大道理?

目录

"打耳洞染发？这些你想都别想！" / 025
爸妈为啥总阻止我尝试新事物？

"这些朋友只会影响你学习！" / 029
爸妈为啥看我的朋友不顺眼？

"大人的事，小孩子别管！" / 033
爸妈吵架，我该怎么办？

"你所有的事情都要让我们知道！" / 039
爸妈为啥要"监视"我？

致谢 / 043

"家里被你搞得像狗窝一样!"
爸妈是有洁癖吗?

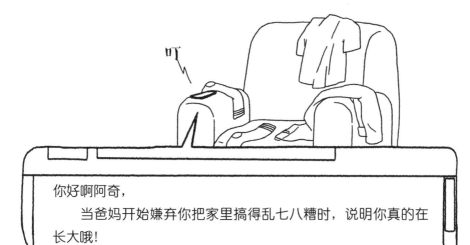

你好啊阿奇，
　　当爸妈开始嫌弃你把家里搞得乱七八糟时，说明你真的在长大哦！

其实当你还是个小小孩儿时，家里比现在乱多了，但爸妈并不会期待一个不懂事的小屁孩保持整洁。

当你成为他们眼中的"大人"时，爸妈会期待你把房间收拾得干净整洁，却不了解其实乱糟糟的环境对有些人来说更容易激发创造力（这可是科学家说的哟）！

当爸爸妈妈抱怨你把家里弄得一团乱时,他们真正担心的其实是你会成为一个不负责任的、自私的、无法照顾自己的人。

也许可以找到一个平衡点,划定一块只属于你自己的天马行空区域,但在公共空间要试着为保持整洁做更多的努力哦!

至今都喜欢乱糟糟的卧室与书桌的1016君

"你怎么还不睡觉／起床？"

爸妈不睡懒觉吗？

你好啊阿奇,
好羡慕你还有睡懒觉的能力啊!

爸妈曾和你一样是喜欢晚睡晚起的,但这部分能力很可能在有你之后就消失了。

而当你到了十几岁的时候,身体分泌褪黑素(这是一种让你想睡觉的东西)的高峰时间也会推迟到凌晨1点左右,远远晚于爸爸妈妈犯困的时间。

尽管睡眠的节律大不同,但不管对大人还是孩子来说,睡眠都是很重要的。

可以试着用一些小方法来让自己睡得更自在也更科学哦。管理好自己的睡眠也是长大成人的重要一课呢!

希望天天能自然醒的 1016 君

1. 白天多多锻炼,有助于晚上更早入睡。

2. 睡前用看书代替看手机,减少蓝光刺激困意来得更快。

3. 和爸爸妈妈约定周末的晚睡晚起日,并保证周中会早睡早起。

4. 实在困的话,也可以试着中午小睡一会儿哦。

"你这是身在福中不知福!"
爸妈不知道我压力有多大吗?

当我们在乎的人经历压力与难过时,想让他们远离那种状态是很本能的心愿。

另一些情况下,你的情绪状态也会激活对方的一些回忆与反应。

相信阿奇你懂的道理也很多，只是在难过的时候希望爸妈可以陪陪你，看到你在经历的压力的确是存在的。

道理与方法虽然也重要，但情绪本身能被看见和关照到也是不可或缺的。想办法让爸爸妈妈看到这一点吧！p.s. 也可以把我的信给爸爸妈妈看哟。

但愿自己有安慰到你的 1016 君

"这有什么好看的？"
爸妈不懂时尚与偶像吗？

年轻人喜欢的东西和上一代不一样,这是人类进化任务里很重要的一项,人类文明因此百花齐放。

面对质疑时依旧能清楚知道自己喜欢什么,这本身就是长大的一部分。P.S. 其实流行趋势有时候会循环往复哦!

说不清楚自己算复古还是时髦的 1016 君

"你成天就是抱着个手机!"
爸妈自己不玩手机的吗?

你好啊阿奇,

手机简直已经成为人类身体的新器官了不是吗?的确需要花些时间去了解和学习如何使用它呢。

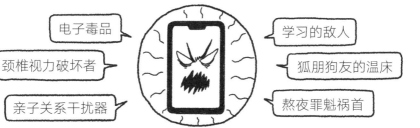

在爸爸妈妈眼里,你的手机等同于这些东西。

- 电子毒品
- 颈椎视力破坏者
- 亲子关系干扰器
- 学习的敌人
- 狐朋狗友的温床
- 熬夜罪魁祸首

但对你来说,手机意味着这些东西。

- 放松源泉
- 友谊联络地
- 学习与社交工具
- 自我形象的补充
- 通往外部世界的窗口

智能手机让生活充满了更多可能性，但也的确带来了一些新的烦恼。

记忆力及专注度下降

部分身体部位不适

给人际关系带来新的压力

当使用手机已经成为生活的必选项时，你也许可以给自己创造一点"不使用手机的自由"，再有用的器官也有需要休息的时候，你说呢？

偶尔会怀念没有智能手机的时代的 1016 君

与家人约定一些不使用手机的时间

每周尝试有一次不带手机出门

睡前用看书替代看手机

"吃得苦中苦,方为人上人!"
爸妈为啥爱讲大道理?

你好啊阿奇,

　　语言是很神奇的东西,既能带来智慧,也能带来诅咒。

为了理解这个世界是如何运行的,人们总是会总结与归纳一些事物的发展规律,以让一些事情变得可被预测。

有些时候那些大道理的确能带来一些力量。

但有时候这些大道理却阻碍我们看到另一些可能性。

能保持思考与质疑本身是个很好的习惯，别让那些约定俗成的内心戏主宰你的人生，你才是自己人生剧本的终极作者呢。

还在不断修正人生剧本的 1016 君

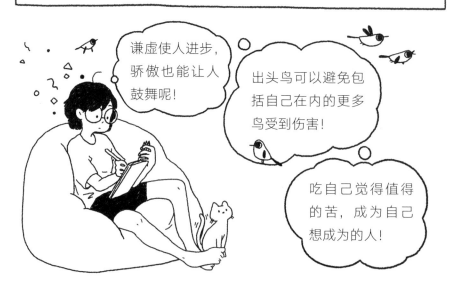

"打耳洞染发?这些你想都别想!"

爸妈为啥总阻止我尝试新事物?

你好啊阿奇,

其实每一刻的你都在为决定自己想要成为什么样子而努力着呢。

十几岁是试验自己活成不同样貌的年纪。

十几岁也是练习突破各种条条框框的年纪。

衣服外短内长,有何不可?

谁说只能在书桌上写东西?

大人们明知会被你嫌弃但还是要管你，部分源于一种叫作"责任"的东西，虽然他们也容易把新事物和"失控""缺乏教养""误入歧途"之类的字眼联系到一起。

在你的愿望和爸妈的担心之间其实有一片巨大的中间地带，在你们都感觉安全的范围里，还是可以尝试许多可能性的呢！

还是偶尔会被大人管但也越活越自在的 1016 君

"这些朋友只会影响你学习！"
爸妈为啥看我的朋友不顺眼？

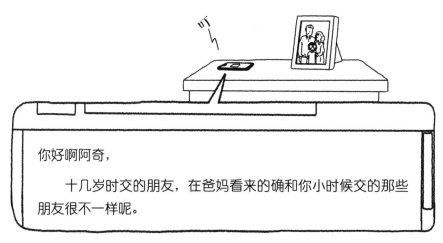

十几岁时能与朋友一起做的事情，比小时候要多很多，其中的确有一些事情会令父母担心。

因为要慢慢长成和爸爸妈妈不一样的人，十几岁时喜欢结交的朋友也经常会有一些自己身上没有的特质，而那些特质有时也会让父母担心。

爸爸妈妈也会感到失落，他们曾经是你世界里最重要的人，但要开始慢慢习惯"让位"给另一些人。

这个过程对你和大人来说都是不容易的，如果去了解一下他们的担心是什么，并用一些方式让他们感觉放心一些，也许就能获得更多的尊重与支持哦！

朋友越来越少却也越来越需要朋友的 1016 君

"大人的事,小孩子别管!"
爸妈吵架,我该怎么办?

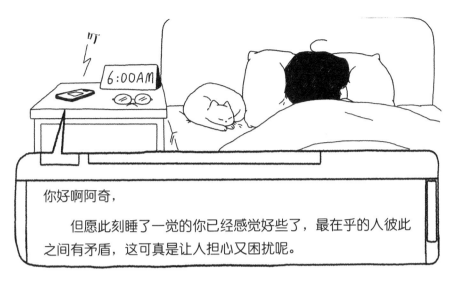

你好啊阿奇,

但愿此刻睡了一觉的你已经感觉好些了,最在乎的人彼此之间有矛盾,这可真是让人担心又困扰呢。

大脑里负责思考的"大脑皮质"是被一个叫作"边缘系统"的部位调节着的,当爸爸妈妈吵架时,负责情感的边缘系统就会发出警报,影响我们的正常思考。

在各种复杂的感觉中，你可能还会有内疚，担心是不是自己不够好而导致了大人们的争吵。

但这并不是你的错，成年人也有各种需要去面对与解决的烦恼。

你也不必自己扛下所有的感受,和信赖的人聊一聊,也许会感觉放松一点。

如果足够好运的话,你会发现相亲相爱的人互相之间有冲突并不是世界末日,有时那甚至会让感情变得更深哦!

热爱和平但也不惧冲突的 1016 君

"你所有的事情都要让我们知道!"
爸妈为啥要"监视"我?

你好啊阿奇,

不管大人还是孩子,如果生活里全方位被"摄像头"似的目光盯着,那是很不舒服的。

当你还是个婴儿时,爸爸妈妈的确需要了解你生活的方方面面。

这种习惯如果延续到你已经可以更好照顾自己的年纪,经常会令人感到困扰。

也许可以召开家庭会议,好好讨论一下这些问题。

当你为自己的人生承担起更多责任时,大人们也会更能意识到,你是真的长大了。

仅仅承担自己人生责任已经不够的 1016 君

致 谢

　　《1016成长信箱》的诞生是许多人为爱发电的结果，在此想特别感谢勤勉敬业的插画师南国虹老师，她生动丰富的创作让阿奇和她的小伙伴们有机会与世人对话；感谢这套书的责任编辑，她们使得我灵光一闪的点子变成了捧在手上的现实；感谢孩子们对心理学和了解自己的好奇心，让我有了创造一套科普漫画书的动力；感谢心理咨询来访者们在工作中分享的青少年心路历程，不少故事灵感来源于那些真诚勇敢的讲述。谢谢我自己，夜深人静创作时，我能感受到许多爱与支持就在那里。

致正在看这本漫画的你

　　Hi，最信赖和在乎的人也会让你头疼心烦，尤其如果这两个人恰好是你爸妈，离不得也换不得，那该怎么办？秘诀也许是"时间"：你需要时间长大，他们需要时间适应你长大；同时在时间的长河里，他们曾部分是"你"，你也会部分成为"他们"……愿你有一天能安然享受这份时间的礼物！:)

还在拆开时间礼物的1016君

p.s. 想写信的话，可以发到这个地址哟：1016@cip.com.cn